8° Lh
161f

AF600993

Lucien BURLET

LA CAMPAGNE DE 1870

NOTES D'UN CAPORAL DU 47e DE LIGNE

PARIS
C. DILLET, LIBRAIRE-ÉDITEUR
15, RUE DE SÈVRES, 15

LUCIEN BURLET

LA CAMPAGNE DE 1870

NOTES D'UN CAPORAL DU 47e DE LIGNE

PARIS
C. DILLET, LIBRAIRE-ÉDITEUR
15, RUE DE SÈVRES, 15

LA CAMPAGNE DE 1870

Caen — Imprimerie de l'*Ordre et la Liberté*

LUCIEN BURLET

LA CAMPAGNE DE 1870

NOTES

D'UN CAPORAL DU 47e DE LIGNE

PARIS
C. DILLET, LIBRAIRE-ÉDITEUR
15, RUE DE SÈVRES, 15

LA CAMPAGNE DE 1870

La période qui s'étend du 15 juillet 1870 au 8 février 1871 est de celles qu'on n'oublie pas. Bien que d'hier, les événements qui se sont déroulés pendant ces six mois en ont fait une date lugubre, un sujet toujours inépuisé de larmes, de regrets, de souvenirs !

Que de volumes ont été déjà écrits sur la guerre de 1870-1871 ? que de brochures ! que de récits sur cette époque où notre vie nationale semblait près de sombrer ! Et cependant, tout n'est pas dit : l'historien futur qui, réunissant en un seul corps des matériaux épars et tellement nombreux qu'une vie d'homme ne serait peut être pas trop longue pour les amasser, voudra retracer en détail l'histoire de la France pendant la guerre franco-allemande, n'aura pas une mince besogne pour parfaire sa tâche.

Ces annales se feront un jour. Mais à côté de ces grands travaux, en regard des conceptions stratégiques, des descriptions des mouvements de troupes, il est d'autres récits plus modestes, mais qui ont aussi leur intérêt. Que de faits isolés dont les acteurs redisent aujourd'hui les détails près du foyer, pendant les soirées d'hiver ! C'est à cette catégorie qu'appartiennent les simples *Notes d'un Caporal* que nous offrons au lecteur. Ecrites en captivité par un soldat, elles n'ont qu'un mérite : celui d'être parfaitement et scrupuleusement authentiques. Tracées d'ailleurs sans prétention littéraire ni préoccupation de stratégie, elles racontent des faits personnels, rien de plus.

Nous leur avons conservé leur physionomie primitive. C'est d'ailleurs cette absence de toute prétention qui explique seule ces notes et justifie la pensée que nous avons eue de les recueillir et de les publier.

L'ENTRÉE EN CAMPAGNE

Le 6 juillet 1870, les ministres de l'Empereur avaient apporté à la tribune législative les causes de tension avec l'Allemagne. La guerre était déclarée le 15, et les réserves étaient aussitôt rappelées.

Dès le 18 juillet, je recevais l'ordre de rejoindre mon régiment, le 47e de ligne, en garnison à Chambéry. Le soir même, nous étions dans le chef-lieu de la Savoie, parqués dans une grande caserne et couchés sur la planche. Cinq jours après arrivait un nouvel ordre de départ. Le 47e de ligne était vraisemblablement appelé à la frontière. L'incertitude d'ailleurs ne fut pas de longue durée : le 25, nous débarquions à Colmar. Le voyage ne fut pas triste. Pensions-nous en ce moment à l'avenir ? Nous comptions-nous ? Songeait-on à tous ceux qui, quelques jours plus tard, devaient manquer à l'appel ? La fièvre patriotique nous animait : tous nous avions la certitude absolue de battre la Prusse. N'avions-nous pas l'auréole des grands jours d'Italie et de Crimée ? Même à Paris, on criait en plein théâtre : A Berlin ! Si quelques esprits avaient des pressentiments douloureux, ils les refoulaient au plus profond de leur cœur. A quoi aurait servi, d'ailleurs, l'expression d'un sentiment en désaccord avec les désirs de tous ! Oui, on avait la fièvre et l'on prenait ses désirs de victoire pour des réalités. Qui nous en blâmerait ?... Et puis, on lui aurait fait une bien triste mine, à celui qui eût osé douter du triomphe.

C'est dans cette disposition d'esprit que s'effectua notre voyage, et que nous arrivâmes à Colmar. Ce sont ici de simples notes que je confie au papier pour tromper les tristesses de l'exil et oublier... Je n'ai donc garde de faire de la stratégie. Il ne manquera pas d'auteurs pour discuter et trancher, sans succès peut-être, le nœud gordien de cette guerre de 1871 ! Je relate ici modestement des faits bien obscurs, mais authentiques. C'est un journal de la vie d'un soldat, point autre chose.

Notre séjour à Colmar dura dix jours. J'avais pour camarade de lit — qu'on me permette l'expression militaire — mon compatriote et ami B..., de Grenoble. A nous deux nous déménageâmes quatre fois pendant ces dix jours. Le sort ne nous favorisait guère, et nous expédiait toujours chez de pauvres gens. On comprend aisément à quel point nous étions gênés et combien nous regrettions de déranger des ménages chez qui l'opulence était le moindre défaut. Aussi allégions-nous leur charge autant qu'il était en notre pouvoir. C'est ainsi que nous élûmes domicile dans une auberge dont l'enseigne portait cette inscription pleine du parfum de la civilisation : *Au bon sauvage.* De fait, ce bon sauvage était assez bon diable, et l'on y mangeait à peu près. Le vin, coté au prix relativement doux de 70 centimes, était servi par une Hébé joufflue, une belle et plantureuse Alsacienne, qui faisait, pour parler français, des tentatives héroïques...., mais, hélas ! couronnées d'insuccès.

Au total, notre séjour à Colmar fut assez gai ! Il s'y tenait précisément une foire, et, après tout, nous avions quelques distractions, en dépit de notre aimable colonel, M. de Grammont, qui faisait battre le rappel et nous passait en revue deux fois par jour, sac au dos, et aussi brillamment astiqués que pour une revue de parade. Qu'était-ce cependant que cela !.., un triste lendemain allait luire ; le canon avait déjà grondé !

En attendant, l'on jouissait de son reste,

et dans cette vie monotone qui, d'un moment à l'autre, allait être remplacée par la fièvre de la bataille, la banalité devenait une distraction. Faut-il citer ici un des mille incidents qui émaillent la vie du soldat ? incidents qui, sans importance dans la vie civile, en empruntent une réelle au milieu militaire et prennent presque les proportions d'un événement. Une auberge quelconque nous avait été assignée pour logement. Une nuit, pendant que nous étions, B... et moi, plongés dans un sommeil pareil à celui des grands capitaines, on nous vola un bidon. Le cas était grave. Aussi bien notre capitaine, homme juste mais sévère, insensible aux arguments, irrésistibles selon nous, que nous invoquions dans notre plaidoyer *pro domo* et sans tenir même compte des circonstances très atténuantes de l'affaire, infligea à B..., propriétaire du bidon, huit jours de prison, ni plus ni moins. Me voilà seul et, qui pis est, plus puni que lui. Qu'on en juge : à moi incombait pendant la durée de son *carcere duro*, le soin de faire la soupe et de remplir son sac selon les règles sévères de l'ordonnance, et ce sac fait, je devais le lui porter deux fois par jour aux heures du traditionnel peloton de chasse. Une seule ressource nous restait : trouver un congénère du bidon disparu. Ainsi fîmes-nous, et nous voilà en quête, pérégrinant successivement et sans succès à travers cinq ou six auberges ou cafés.

Enfin nous avisons une vaste salle, dont tous les habitants s'étaient laissés aller aux douceurs d'un sommeil réparateur. Morphée avait là de fervents adorateurs, et à ce spectacle je me surpris à fredonner l'air de la paresse de *Galathée*. Rien n'était moins de circonstance. Tout à coup, en contemplant ces dormeurs pleins de calme, B... et P... avisent un sac orné de deux superbes bidons. Avec une rare désinvolture, B... s'en approprie un exemplaire, et en dépose le prix officiel sur le sac. Puis, ce bel exploit parachevé, nous partons. A la brasserie P..., nous constatons que le bidon appartient à un soldat du 3e de ligne. C'était là un fraternel partage : nous avions fait du communisme.

Ce frère d'armes nous a sûrement depuis longtemps pardonné ce méfait, et je l'en remercie. Nous étions ainsi exempts de la punition infligée, punition toujours dure dans ce dur métier des armes.

Le onzième jour, au rapport, ordre de se tenir prêts à partir dès que sonnerait la marche. Nous étions bel et bien prévenus, ce qui n'empêcha pas le hasard... et le sommeil de nous transformer douze heures durant en déserteurs. Logés hors la ville, nous nous étions couchés fort tard, et nous dormions si bien que la marche du régiment sonna sans succès pour nous. Aussi, sire Phœbus était-il depuis longtemps levé quand nous-mêmes quittions gaillardement le lit sans peur et sans reproche.

Nous procédons à notre toilette avec calme et savourons une tasse de café avec toute la satisfaction de vrais gourmets. Puis cette opération préliminaire de toute bonne journée achevée, et ayant des lettres à jeter à la poste, nous nous dirigeons vers la caserne.

Stupéfaction générale : nous nous heurtons à une porte close. Le régiment, nous apprend-on, est parti dans la nuit.

La situation que nous créait ce retard involontaire, était peu rassurante. Nous tenons conseil :

— Eh bien ! en voilà une bonne.

— Aussi, pourquoi n'avons-nous pas entendu le clairon !

— Voilà ce que c'est que de se coucher à une heure du matin.

— En attendant, nous voilà seuls, et les regrets ne serviraient à rien. Que faire ?... »

Tout bien pesé — et les partis à prendre n'étaient pas si nombreux qu'il fût besoin d'une longue discussion — tout bien pesé, dis-je, il fut décidé à l'unanimité que nous irions chercher nos bagages pour nous diriger immédiatement vers la gare. Là, nous espérions trouver un train qui nous permettrait de rejoindre le régiment.

Eh bien ! en cette fâcheuse occurrence encore, notre bonne étoile nous protégeait. Chargés de nos bagages (est-ce bien bagages qu'il faut dire?) et somme toute, assez inquiets nous cheminions, quand sur l'avenue nous rencontrons... le 3e bataillon du régiment. Le cœur soulagé, je l'avoue, nous nous empressâmes d'aller narrer notre aventure au commandant, lequel nous déclara que nous partirions avec lui, à 3 heures de l'après-midi. A la vérité, nous ne nous souciions guère de rester sur l'avenue six heures durant. Nous résolûmes de les consacrer à une promenade dans la ville, la meilleure distraction que nous pussions nous octroyer. Nous poursuivons donc notre route et allons à la gare, comme c'était primivement notre intention. 8 heures 1/2 sonnaient. Heureusement, là devait se terminer une aventure qui aurait pu tourner plus mal. En effet, nous entrons dans la cour de la gare et nous y trouvons... tout le régiment, qui, sac au dos depuis 2 heures du matin, attend le train qui doit l'emmener. Nous voilà donc, ô bonheur inespéré, chez nous, à l'ombre de notre drapeau. Nons réintégrâmes sans tarder notre compagnie, avec une légère admonestation du capitaine, enchanté lui-même de notre retour.

Le train ne partit qu'à 10 heures et nous eûmes encore le temps de boire une chope de bière à la France, en murmurant les strophes du *Rhin allemand*. Grâce à Morphée, nous avions évité huit heures de faction sac au dos à la gare. Grâces lui soient rendues !

Et maintenant, emportés par la locomotive qui à 10 heures avait fait entendre son sifflet aigu, et laissé échapper un jet de fumée noirâtre, où allons-nous ? Mystère encore ; mais apparemment sur le théâtre de la guerre. Au demeurant, le voyage fut des moins mélancoliques. Des scènes émouvantes de patriotisme et de fraternité, de vraie fraternité, celle-là, avaient marqué déjà et marquèrent encore chacune de nos haltes. A toutes les gares, depuis Chambéry, on nous offrait généreusement pain, vin, bière et tabac. La réception enthousiaste qui nous fut faite à Montbéliard restera surtout gravée dans nos mémoires.

Nos deux heures d'arrêt y furent utilement employées. De grandes marmites cuisant des veaux entiers réalisaient les rêves rabelaisiens et faisaient revivre Gargantua. En même temps, de prodigues distributions de café chaud, de bière, de vin nous étaient faites. Le côté prosaïque de ce magnifique engloutissement était relevé par la présence de jeunes filles de 15 à 16 ans qui parcouraient nos rangs et distribuaient tabac et cigares, chapelets et scapulaires, accompagnant leurs gracieux dons d'un sourire qui ramenait nos cœurs vers ceux que nous venions de quitter la veille. Jeunes filles, anges du patriotisme, qui nous rappeliez à nos affections et donniez à des inconnus, ou plutôt à vos frères de France, dont vous fortifiiez le courage, les témoignages si généreux de vos sympathies, vous qui nous rappeliez si bien, en nous prodiguant de vos pieuses mains les chapelets et les scapulaires, que si la mort attendait quelques-uns de nous sur les champs de bataille, mort glorieuse, une une autre vie les recevrait là-haut, soyez bénies et recevez ici de l'exil lointain où je trace ces lignes émues, le faible écho de la reconnaissance de soldats français.

Tout cela passa comme un rêve ; il fallut partir : ce ne fut pas sans émotion, et l'écho redit encore longtemps les vivats à la France qui saluèrent notre départ. Le même accueil chaleureux et empressé nous attendait d'ailleurs partout. Chaque station voyait les pompiers en armes nous saluer de leurs fanfares : le cri de : *Vive la France* ! répondait à ces démonstrations. Hélas ! ce trop court trajet touchait à son terme et l'heure des revers approchait.

Le lendemain de notre départ de Colmar, nous étions à Reischoffen.

SUR LE RHIN

Reischoffen ! ce nom allait prendre sa place dans notre histoire, inséparable de nos revers et de l'héroïsme français. Nous étions à Reischoffen ! De ce jour datait notre véritable entrée en campagne et nous en fîmes immédiatement le premier apprentissage.

Au sortir de la gare, nous sommes parqués dans une prairie, sous une pluie diluvienne, trempés jusqu'aux os et dans l'impossibilité de monter nos tentes-abris. Permission fut octroyée cependant d'aller jusqu'au village quérir les éléments de la soupe; recherches vaines d'ailleurs, expédition inutile ! Il était 10 heures, tout était fermé; nous ne trouvâmes que de la bière et une quantité infinitésimale de tabac. Mais nous étions à notre retour au camp transformés en fontaines ambulantes, et il devenait urgent de faire du feu. Un champ de houblon servit à l'opération. En moins de deux heures plus de 2,000 perches étaient abattues et brûlées, au vif désespoir, hélas ! de certain paysan, qui ne voulait pas, disait-il, être ruiné. Il avait raison , mais la guerre a ses dures nécessités, et puis, que vouliez-vous qu'il fit seul ?

Le bonhomme ne pouvait sûrement suffire à la besogne. Défendait-il ses perches d'un côté, le soldat en arrachait de l'autre. Comme le héros de la *Favorite*, ce paysan du Rhin finit par rester seul au milieu de son champ, non pas avec son déshonneur, mais avec une dizaine de perches, débris mélancoliques.

J'ai rarement vu un sujet de croquis plus hilarant que le visage du bon vieux, qui finit par s'en aller, confondant dans ses malédictions et Français et Prussiens. Au fond, c'était triste, et je trouvais sa douleur naturelle. On ne dépouille pas impunément un homme du fruit de ses travaux. Malheureusement, encore une fois, c'est la loi, dure, mais inexorable. Encore tout cela ne constituait-il jusqu'ici que la comédie : le drame allait venir.

Mouillés jusqu'aux os et sans avoir pris une heure de repos, nous levons le camp à 6 heures, pour nous porter en avant. Quatre ou cinq kilomètres à peine nous séparaient de l'ennemi.

I

Arrivés à 7 heures en présence des Prussiens, nous restâmes jusqu'à onze heures rangés en bataille sous une pluie de bombes et de boulets tombant dru comme grêle; nous étions définitivement consacrés, nous autres jeunes soldats, nous recevions le baptême du feu.

Sous cette mitraille, nous attendions l'ordre de nous mettre en mouvement. Tout à coup, sur toute la ligne retentit le cri : *En avant !* Enfin ! cette immobilité imposée cessait, nous allions faire nos premières armes. Nous nous élançons au pas de course, ressemblant, je me le rappelle bien, à de véritables démons. Les recrues ne se devinaient pas, il n'y avait là que des Français. Douloureux souvenir lorsque la pensée s'y reporte aujourd'hui ! Combien ai-je vu de mes camarades tomber ce jour-là à mes côtés pour ne plus se relever ! Qu'y faire à ce moment de surexcitation morale et physique ? C'est beau, c'est entraînant, le combat, mais après... la guerre apparaît dans toute son horreur !

Nous arrivons sous une pluie de mitraille à un moulin flanqué de deux petites maisons. Embusqués qu'ils étaient derrière, pas un Prussien ne pouvait nous échapper. Nous les prenions en effet de tous les côtés. Un moyen s'offrait plus rapide de les déloger de là et de se rendre maître de la position: une attaque à la baïonnette, la légendaire attaque française. L'ordre fut donné en effet et nous nous élançons, décidés à ne pas laisser échapper un seul Teuton. Or, à cet instant, ô stupeur ! on sonne la retraite, et force nous est de lâcher prise. Nous voilà marchant tous pêle-mêle, échangeant nos réflexions et nous creusant la cervelle pour découvrir le pourquoi de ce brusque contre-ordre.— « Puisqu'ils fuient, pourquoi ne pas les poursuivre ?... » La réponse ne se fit pas attendre longtemps ; nous vîmes tout à coup s'avancer une troupe numériquement trois fois plus forte que la nôtre. La retraite s'expliquait naturellement.

J'avais perdu tous mes amis dans la mêlée, dans le désordre de l'attaque à la baïonnette, et je revenais seul tristement, me laissant aller à mes réflexions et voyant à droite et à gauche tomber les hommes comme des mouches aux premiers froids. Chemin faisant, je rencontre mon caporal, et nous faisons route ensemble. Je marchais à quelques pas de lui, quand deux éclats d'obus m'atteignent, un à la hanche gauche, l'autre dans les reins. Je payais mon premier tribut à la guerre : je tombai aussitôt, mais je pus quelques minutes après me relever tout étourdi : mon ceinturon, sur lequel le projectile avait porté, avait été entièrement coupé; il me sauva ce jour-là. Je n'en marchais pas moins à grand'peine, car ces deux blessures, sans gravité en somme, me causaient de vives souffrances. Un compatriote que je rencontrai, Reverdy, voulut bien me porter mon fusil et mon fourniment, puis finit par me donner le bras,chose pénible pour tous les deux, mais pour lui surtout. Et cependant, j'avais reçu un simple à-compte, et la journée ne devait pas se terminer là pour moi.

Cent pas plus loin, un nouvel éclat d'obus m'atteignait à la jambe. Cette fois c'était bien fini, en dépit de mes efforts je ne pouvais plus marcher. Reverdy dut me quitter pour rallier le régiment. Un peu après, je ramassai un sabre dont je me servis comme d'un baton et, aidé d'un caporal, j'essayai de reprendre ma retraite. Je mis une bonne heure de marche lente

Je marchai comme je pus et je partis. Les Prussiens nous avaient distribué au préalable des souliers, des guêtres et des turbans, le tout pris au 3e régiment de zouaves.

A notre arrivée à Hagueneau, les Prussiens nous parquèrent à la douane. Comme à Reischoffen, nous couchions sur la paille. Ils nous apportaient cependant des cigares et du tabac. Mais nos pérégrinations ne devaient pas s'arrêter là. Trois jours après, de petites voitures arrivèrent qui nous emmenèrent tous séparément dans diverses directions. Pour moi, je fus conduit, avec mon ami P..., à Caldehus, chez les sœurs institutrices. Ce n'est pas sans un serrement de cœur que j'évoque ces souvenirs. Ces humbles religieuses nous soignèrent comme des frères, comme des princes, pour employer l'expression consacrée. Nous ne pouvions désirer mieux. Dans notre position de prisonniers et de blessés, c'était le comble du bien-être. Aussi la crainte d'être séparés de ces chères sœurs et l'espoir de recouvrer la liberté nous firent-ils chercher une cachette qui nous mît à l'abri des recherches des Allemands. Nous avions proposé sans avoir disposé : les Prussiens vinrent nous chercher inopinèment lorsqu'on s'y attendait le moins. Nous dûmes repartir pour Hagueneau. Tout le village réuni sur la place publique assistait au départ. Les larmes coulaient, larmes de sympathie ; puis ces braves gens, après une poignée de main, s'en allaient tout tristes.

Nos adieux aux chères et bonnes sœurs furent touchants, et le maire nous fit arrêter devant sa porte pour nous offrir du vin et des cigares.

Deux heures après, nous étions de nouveau à Hagueneau, d'où nous allions être conduits sur le sol allemand. On nous logea à l'hôpital. La salle contenait 83 lits occupés par de pauvres amputés. C'est là que nous devions attendre le train destiné à conduire les prisonniers en Prusse. Quatre jours s'écoulèrent au bout desquels nous eûmes d'aventure la visite d'un brave et excellent prêtre, avec qui nous nous entretenions de notre chère patrie : — « Désireriez-vous retourner en France ? » nous demanda-t-il tout à coup, à P... et à moi. Il est superflu de dire quelle fut notre réponse. Nous acceptâmes avec transport la proposition de ce prêtre dont le cœur battait d'amour pour la France. Notre sauveur s'acquitta immédiatement de sa promesse en nous faisant parvenir des vêtements civils. Nous les endossâmes sans plus tarder. Le temps, c'est de l'argent, disent avec raison les Anglais. C'était plus que de l'argent pour nous, c'était la liberté, la vie, l'honneur, le combat pour la France.

Ainsi accoutrés et ressemblant à de paisibles bourgeois, nous allons, avec la permission de la supérieure, nous promener jusqu'au jardin de l'hôpital. Il fallait, pour s'y rendre, traverser la ville et les lignes prussiennes. Personne ne nous arrêta, personne ne nous adressa la parole. Cet essai nous parut assez décisif pour nous enhardir et nous décider à tenter une évasion. Le lendemain était un dimanche; nous le fixâmes pour la réalisation de notre projet.

II

La nuit fut longue. Le soleil se leva cependant sur cette journée. Mon cœur battait fort à mon lever. Nous allions jouer gros jeu! Mais le sort en était jeté; et un incident survint qui aurait décidé de notre départ si nous avions été indécis. Dès 8 heures du matin, les Prussiens vinrent prendre nos noms et annoncèrent que nous partirions à 3 heures de l'après-midi. Nul ne songeait à ce départ, imminent cependant! à ce départ pour l'exil, loin de la France malheureuse! Mon parti fut rapidement pris, il fallait agir sans retard, l'impérieuse nécessité le commandait.

Résolus à tout pour être libres, nous devançons les Prussiens, et à 10 heures du matin nous sortons de l'hôpital et traversons la ville avec le même bonheur que la veille. Cela fait, nous n'avions presque plus rien à craindre. Notre itinéraire était tout tracé : il s'agissait de nous rendre directement chez les sœurs de Caldehus. Ainsi fîmes-nous, en suivant de préférence les bois et les chemins battus. A une heure de l'après-midi, nous étions à Caldehus. Il me serait difficile d'exprimer la joie manifestée par ces bonnes religieuses à notre arrivée. Quelques mots suffirent pour les mettre au courant de notre situation, et elles nous conduisirent aussitôt chez une brave vieille qui nous cacha pendant deux jours. Malheureusement la présence des Prussiens qui logeaient dans le village troublait notre sécurité ; notre odyssée n'était point près de prendre fin. Pour parer au danger, un autre habitant du village, M. Saint-G..., nous conduisit bienveillamment chez son beau-frère, à O'berlée.

Nous y restâmes trois semaines, occupés à cueillir, non pas la fraise ni la fleur des champs, mais le houblon. Ce travail facile nous distrayait sans nous fatiguer. Bien couchés, bien nourris, entourés de prévenances, nous ne devions avoir aucune raison de ne pas nous accommoder de cette vie. Mais le moment n'était pas venu de crier : *Cedant arma togæ !* Une vague préoccupation me torturait sans cesse. P..., dont la blessure s'était rouverte, avait dû reprendre le lit. J'étais donc seul, livré à mes réflexions. Je n'avais qu'un but dans mes promenades. En prenant toujours par le bois, j'allais voir les Sœurs, je leur donnais des nouvelles de P..., et Dieu sait avec quelle cargaison je revenais ! Confitures, liqueurs, bonbons, tabac, rien n'était oublié de tout ce qui nous pouvait être utile ou agréable. Sœurs hospitalières, mes yeux se mouillent de larmes à votre souvenir si cher !

C'est dans ces conditions que se passèrent nos trois semaines de séjour à O'berlée. Ce repos complet avait été bienfaisant pour P..., qui se levait et était en pleine convalescence. Je crois vraiment que le sort n'attendait que cela pour nous jeter dans de nouvelles aventures. Elles ne vont certes pas au niveau de celles d'Ulysse, mais elles n'en ont pas moins leur intérêt. C'était le troisième dimanche depuis notre évasion, nous partîmes pour Hagueneau avec les fils de la maison. Piètre idée ! L'expédition faillit nous coûter cher. Espionnés à notre insu, nous fûmes dénoncés, et nous dûmes certainement le salut à un hasard providentiel. L'idée nous vint, en effet, tout à coup, d'aller l'après-midi chez les sœurs, auxquelles nous gardions une si vive reconnaissance. Bien nous en prit. Elles nous sauvèrent une fois de plus sans le savoir. Nous étions las, nos chères bienfaitrices s'en aperçurent et se refusèrent à nous laisser partir le soir. Un bon lit nous fut dressé et nous y passâmes une fort bonne nuit. Il était loin de notre pensée qu'à ce moment même on nous cherchait activement.

A l'aube, nous nous mettons en route, insouciants, pour rentrer chez nos hôtes. Nous arrivons à 600 mètres à peine de la maison, cheminant à travers un bois de petits pins dont les plus hauts avaient bien deux pieds. Nous devisons de choses et autres avec la plus complète quiétude. Tout à coup je lève la tête et j'aperçois... à cinquante pas une patrouille prussienne qu'il fallait croiser. J'eus peur, je l'avoue ; mais il n'y avait pas à discuter, ni à réfléchir : — « Nous sommes pincés, mon cher, dis-je à P... ; nous n'avons pas le choix des moyens. Si nous fuyons, ils nous canardent, ils nous tuent. De l'audace et du sang-froid, c'est la seule chance qui nous reste. — Allons-y, dit P,.. » Et le cœur battant fort, nous avançons hardiment devant la patrouille composée de 60 à 70 soldats. Inspirés par le danger, nous les regardons de l'air ébahi de bons paysans pour qui ce spectacle est des plus nouveaux. L'idée est bonne et réussit : la bande des Teutons passe toute entière sans faire attention à nous. Je commençais à respirer; mais il était dit que nous irions aux limites extrêmes du danger. Un maudit sergent se retourne tout à coup et s'avise de nous parler dans son jargon, dont ni P... ni moi n'entendions un traître mot.

Nous écoutions attentivement avec tout l'air de gens comprenant à merveille ; mais tout mon sang refluait au cœur qui battait à se rompre. Je jouai ma dernière carte et je risquai tout. Il fallait faire contre mauvaise fortune bon cœur. Puisant donc un aplomb nouveau dans la peur, je réunis la somme de mes connaissances en allemand et réponds au sergent bravement, avec force gestes des bras : *Ya, ya, ya.* Oh bonheur ? la réponse le satisfit pleinement, car patrouille et sergent continuèrent leur chemin. Oncques ne les revîmes.

J'eus besoin de respirer un peu. Nous en étions quittes pour la peur, mais quelle peur ! Nous tremblions de tous nos membres... et nous n'étions pas les seuls... car sur le seuil de la maison toutes les femmes pleuraient à chaudes larmes. Quant aux hommes, ils s'étaient dispersés par tous les chemins pour nous prévenir que les Prussiens étaient venus fouiller la ferme. De la cave au grenier, rien n'avait échappé à leurs investigations. Ils avaient défait les lits et tout bouleversé, tant ils étaient sûrs de nous trouver. La leçon était dure. Nous n'étions plus en sûreté à O'berlée.

III

Pour notre sécurité, pour celle de nos hôtes si dévoués, il nous était impossible de rester là : le danger était trop grand, mais où trouver un abri ? Il y eut assaut de générosité de leur part, de délicatesse de la nôtre. Excellents cœurs, que je n'oublie point ! ils nous voulaient retenir, assurant que les Allemands ne reviendraient plus— et que, même s'ils revenaient, nous serions si bien cachés qu'ils ne pourraient nous trouver. Cette générosité nous dictait notre devoir d'autant plus impérieusement qu'elle était plus pressante. Une amende de 1,000 fr. ou un an de prison étaient décrétés contre toute personne qui cacherait des soldats français. Ce fut donc avec un poignant regret, mai; autant dans leur intérêt que dans le nôtre, que nous résolûmes de chercher un autre refuge.

Notre première inspiration nous ramena chez les Sœurs, qui versèrent d'abondantes larmes à notre récit des événements de la veille : — « Nous vous sauverons malgré tout, » telle fut la sublime réponse de ces saintes femmes, de ces courageuses religieuses. Et, cependant, les Prussiens étaient revenus loger dans le village. Elles tinrent parole, et nous confinèrent d'abord deux jours dans un grenier où personne, sans exception aucune, ne connut notre présence. Le soir du deuxième jour, la sœur Cécilienne — qu'elle me permette de la nommer ici avec un vif sentiment de gratitude — monta toute joyeuse ; elle avait trouvé un refuge assuré. Il fallait nous hâter. Le lendemain, à 4 heures du matin, nous nous engagions dans la forêt, et après quatre heures de marche, nous arrivions à Riemeswiller, dans la famille de la Sœur, qui nous reçut comme des fils. On m'a parlé quelquefois du peu d'empressement apporté dans certaines régions à secourir les Français : pour ma part, je n'ai vu personne se départir des sentiments patriotiques qui s'imposaient alors.

A Riemeswiller, tous les membres de la famille nous embrassèrent les uns après les autres, en nous conjurant de nous considérer comme chez nous. Il y avait deux jeunes filles, Marie et Geneviève, puis leur mère, dont je garderai un éternel souvenir de reconnaissance. Installés dans une petite chambre très gaie, les attentions dont nous étions entourés finirent par nous gêner. C'était à qui dans le village nous recevrait. Chaque habitant venait nous voir et emmagasinait dans notre immeuble quantité de provisions de bouche. En sortant, il fallait s'arrêter ici et là pour ingurgiter force cidre ou *chenaps* (eau-de-vie de prunes).

C'eût été blesser ces cœurs généreux que de refuser leur offre.

Notre séjour chez ces braves gens se prolongea jusqu'au 8 octobre.

Mais nous n'étions point satisfaits. La France nous tenait au cœur : le bien-être nous pesait. Le village n'avait pas encore vu un seul Prussien, nous étions choyés, on nous épargnait toute peine, malgré nos efforts pour alléger la charge que nous avions apportée avec nous. Une tante de notre chère Sœur avait affecté à notre soif deux barriques de cidre que nous devions épuiser avant notre départ. L'excellente femme l'avait ainsi décrété. Encore une fois, malgrétout il nous fallait un changement. Nous n'avions et ne pouvions avoir aucune nouvelle de France, de nos familles. Strasbourg venait de succomber après une héroïque défense. Tout nous inspirait l'ardent désir de fouler le sol de la patrie,

IV

Le lundi 8 octobre, au matin, le cœur serré, mais résolus, nous quittons Riemeswiller, et nous nous dirigeons vers Hagueneau par la forêt qui porte ce nom. Où allons-nous ? Dieu seul le sait. Arrivés au Gros-Chêne (ce qualificatif est loin d'être une hyperbole, le Gros-Chêne a en effet 7 mètres et demi de tour) nous entrons chez le garde forestier pour lui demander des renseignements indispensables. Or, nous y trouvons un soldat du 6e lanciers, caché lui aussi chez le brave garde, et qui, nous voyant absolument décidés à tenter le passage, se joint à nous.

Nous voilà donc trois. En avant ! marche. Le garde nous accompagne à Hagueneau, où nous apprenons qu'une compagnie de francs-tireurs est secrètement en voie de formation. Nous y sommes incorporés, et le départ est fixé pour le lendemain matin, à six heures. Mais notre métier de Protée ne devait pas s'arrêter là. Le 9, prêts dès l'aube, nous attendons jusqu'à huit heures. Rien, rien. Qu'y a-t-il encore ? On se rend chez l'organisateur de la compagnie. — Les papiers ne sont pas prêts, revient-il nous dire, nous ne partirons peut-être que la nuit prochaine.

Cet incident changeait les choses. Nous n'étions pas en sûreté dans la ville, et il aurait été imprudent d'y rester toute une journée. Nous faussons donc compagnie aux francs-tireurs, qui comprennent notre position, et nous nous dirigeons vers la chaîne des Vosges. Les gardes forestiers nous y servirent de guides pendant trois jours et deux nuits. Partout réception cordiale et accueil sympathique. A Wiche, à Visterlin, à Gerbepal, à la Bresse, dans tous les villages, on nous promettait qu'arrivés à S... (1) nous serions hors de danger. Il fallut en rabattre. Je dois le constater ici, car c'est le seul point où nous ayons eu à nous plaindre. Nos difficultés commencèrent là où elles auraient dû finir. Les employés de la mairie nous reçurent d'une façon qui ne rappelait que vaguement la cordialité des jours précédents. Pour parler vulgairement, ils nous envoyèrent promener sans même daigner nous indiquer le chemin le plus sûr. En ce temps de guerre, lorsque harassés, surexcités, mais avec la conscience du devoir accompli, on se voit traité de la sorte, on

---

(1) Nous passons sons silence le nom de cette ville, où, comme on le verra, les évadés ne furent pas admirablement reçus. Il serait inutile de formuler des regrets ou des récriminations rétrospectives.

est peu endurant. Nous ripostâmes à ceux qui le prenaient sur ce ton avec nous. C'était la loi du talion. Nous revenions à travers les dangers, et des gens bien tranquillement installés à leur bureau nous recevaient grossièrement. Nos expressions furent dures, en rapport avec notre irritation. Qui nous les reprochera ?

A ce moment, nous rencontrâmes heureusement un bon vieillard, qui tout surpris et peiné de la conduite tenue à notre égard, voulut bien s'intéresser à nous. Il nous conduisit dans un café et nous fit rafraîchir, tout en nous traçant notre chemin jusque chez un de ses amis, qui, nous promit-il, nous indiquerait la route à son tour. C'est ainsi que nous quittâmes S.....

Une pluie battante nous mouillait jusqu'aux os. Après avoir marché toute la journée, nous arrivons rompus, exténués, clopin-clopant dans le petit village qui nous avait été indiqué. Nous y trouvons en effet la personne à laquelle nous étions recommandés. Nous eûmes là la contre-partie de la réception de S... Ces braves gens se mirent en quatre pour nous bien recevoir. On nous fit fête, et c'est après une excellente nuit, passée dans d'excellents lits, que nous repartîmes avec des renseignements aussi précis que possible sur la meilleure route à suivre.

Je dis *précis* : pour nos hôtes, certainement ; mais nous ne les avions probablement pas très bien compris, car nous nous égarons et finissons par tomber dans un village où, une heure auparavant, les Prussiens avaient fusillé un cabaretier et brûlé sa maison ; le tout parce qu'ils avaient trouvé chez le pauvre diable un uniforme de franc-tireur.

La haine allemande allait en faire bien d'autres ; mais on conçoit la terreur qui régnait dans le village et la consternation qui étreignait tous les cœurs. Nous voilà obligés de nous sauver incontinent et de chercher une autre route. Nous marchons ainsi sans direction fixe jusqu'à trois heures de l'après-midi. Nous fiant à notre bonne étoile. Plus heureux enfin que la première fois, nous rencontrons, au premier village suivant, un capitaine de francs-tireurs. Lui dire qui nous sommes n'est pas long. « Topez-là, » répond-il en nous tendant la main. Et il nous conduit tous les trois chez le maire, lequel fait commander immédiatement un dîner à l'auberge voisine. Pendant qu'on met le couvert, le fonctionnaire nous demande quelques détails sur la bataille de Wœrth, et nous délivre un certificat à titre d'ouvriers du pays voyageant pour chercher du travail. Le capitaine nous donne son obole pour nous aider à arriver. Nous dînons copieusement et serrons la main à ces excellents cœurs, que nous ne devions plus revoir.

V

Nous voilà de nouveau en route, vivement touchés et devisant de l'étrangeté de la vie. Nous échappons à la mort à Wœrth. Faits prisonniers, nous nous évadons ; nous marchons, confiants dans le patriotisme, et en effet partout nous trouvons une cordialité parfaite ; partout on nous vient en aide, et partout nous laissons des amis de quelques heures. Nous partons. Le souvenir seul reste... Heureusement le souvenir ne meurt pas...

Le maire, notre amphytrion, nous avait donné une lettre pour un ami, M. Blanc, fabricant de draps au premier village que nous rencontrions sur notre route. M. Blanc lit notre missive, nous donne 10 francs (il ne faut pas oublier que nous étions sans ressource aucune, et privés de toute communication avec nos familles) et nous confie à un guide qui nous conduit par la montagne. Nous couchons dans un petit village et nous repartons le lendemain pour Than. C'était un dimanche. Sur tout le parcours nous rencontrons des paysans qui, reconnaissant des soldats, nous obligent à boire partout. Ces haltes multipliées nous firent arriver à 8 heures du soir à Than, où nous pouvions être à 5 heures; on nous donna des billets de logement. Ces braves gens nous reçurent de leur mieux.

Deux jours après, nous étions à Belfort. Grâce au patriotisme et à la générosité du pays, nous n'avions souffert qu'un jour dans les montagnes la faim et la soif. Il est vrai qu'à notre entrée à Belfort nous avions... quatre sous en poche.

Je ne saurais dire l'immense bonheur que nous éprouvâmes au premier cri de : *Qui vive !* qui frappa nos oreilles !!! Qui vive ! c'étaient des Français... Nous étions donc sauvés, sauvés malgré tout, et, bonheur inespéré, nous n'avions pas rencontré un seul Prussien. Ces impressions, on ne les oublie pas. Et aujourd'hui dans ma seconde captivité, elles sont vivaces...

A Belfort, nous allons droit à l'intendance. On prend les noms de nos chefs ; et l'on nous invite à revenir à 3 heures chercher notre feuille de route. Nous allons enfin partir. En attendant, nous nous promenions avec nos quatre sous en poche, l'estomac criant famine, mais sans espoir de dîner. Quatre sous entre trois, c'était maigre. Mais bast ! nous en avions vu bien d'autres. C'est en calmant notre faim de cette façon que nous allons vers le camp. Nous y trouvons le 2e bataillon des mobiles du Rhône. Là, ô bonheur ! ô hasard ! F... rencontre un sien cousin. Le cousin nous invite à déjeuner, et demande la permission de la journée. Le repas fut copieux et gai. A 3 heures, nos feuilles de route nous étaient délivrées, et nous partions à 5 heures, Pollin pour Avignon, Petrus pour Marseille, et moi pour Chambéry.

La séparation fut triste. On n'a pas en vain partagé les mêmes misères,les mêmes dangers, les mêmes angoisses. Nos mains se rencontrèrent dans une dernière étreinte,et le cœur serré,nous nous dîmes adieu. J'ignore ce que ces deux amis sont devenus depuis. P... doit être prisonnier comme moi ; il était à l'hôpital de Nevers lorsque les Prussiens sont entrés dans cette ville.

Pour moi, mon voyage s'opéra sans incidents.

J'étais à Chambéry le 19 au soir. Mon plus vif désir, avant de reprendre campagne, était de voir les miens, auxquels je n'avais jamais pu donner de mes nouvelles. Je rencontrai précisément mon caporal d'escouade, échappé de Sedan, et qui était devenu sergent. Ma première question fut celle-ci : — Donne-t-on des permissions ? — Il me répond que j'obtiendrai facilement huit jours, le commandant ne les refusant pas aux évadés. Le lendemain, je vais chez le commandant. Il me demande si mes blessures me font souffrir, et si je veux rester au dépôt ou faire partie d'une compagnie de marche. Je n'hésitai pas à demander à partir, et, une heure après, j'étais versé à la 4e compagnie de marche. Tout allait bien.

Le lendemain, je demandais une permission de quarante-huit heures, qui, à mon vif étonnement, m'était refusée. J'en fus outré, je le confesse, car on me privait ainsi d'embrasser les miens, qui n'étaient cependant qu'à douze lieues de Chambéry. Cette fois, je désobéis ; je n'avais pas encore réendossé l'uniforme ; bref, sans permission et sans argent, je prends le train. J'arrive à destination la nuit. Tous mes parents me croyaient mort. Une lettre de R.., leur avait annoncé que j'étais resté sur le champ de bataille de Wœrth. Je prouvai que j'existais, en me montrant. Deux jours me suffirent, et je revenais le surlendemain à Chambéry, heureux, mais absolument sûr d'avoir mes quinze jours de prison. Je fus agréablement détrompé. Ma compagnie partait à l'exercice, armée et équipée, lorsque j'entrais à la caserne. Le capitaine, pas content et à qui je cachais mon voyage, m'interpelle aussitôt en style militaire.

« — Je vais vous flanquer quinze jours pour vous apprendre qu'il faut faire l'exercice avant que d'aller boire.

— Pardon, mon capitaine, interrompis-je, je ne suis pas une recrue, je viens de Wœrth. »

Ladite réponse radoucit mon supérieur qui, changeant incontinent de ton, me demanda des renseignements sur les officiers du régiment que je savais tués ou blessés. Je les donnai de mon mieux. Lors, le capitaine :

« — Vous ne ferez pas vos quinze jours, mais n'y revenez pas. J'ai besoin d'anciens soldats pour instruire les jeunes. A la besogne. »

Deux jours après, j'obtenais une permission de quatre jours qu'un parent avait demandée à la division. Puis, à mon retour, je passais caporal malgré moi. Ma compagnie était campée à Bissy, près Chambéry. Nous y restâmes un mois environ, sous une pluie continuelle, accompagnée de rafales qui enlevaient nos piquets de tente. Couchés dans la boue, nous étions obligés de tenir des falots toute la nuit.

Enfin, le 1er décembre, à 9 heures du matin, nous partions de Chambéry !

SUR LA LOIRE

Nous voilà à Angers, par le froid qu'on sait, campés près des casernes de cavalerie. Les habitants, pris de compassion, demandent au maire de nous loger en ville. On nous installe enfin au collége, un peu tard, d'ailleurs ; le surlendemain, ordre de départ. C'était le 7 décembre au soir. Nous sommes le 8 à Bleret-la-Croix, y restons un jour, et partons dans la nuit pour Beaugency. Le 9, nous étions en vue des Prussiens. Après les avoir vus sur le Rhin, je les combattais sur la Loire.

Dans la nuit du 9 au 10, le fourrier m'envoie aux vivres avec 12 hommes. Nous devions trouver les fournisseurs à un kilomètre environ, sur la voie ferrée. Nous marchâmes bien une heure et demie sans rien rencontrer. Après une heure d'attente environ, je me décidai à retourner au camp. Nous en repartions deux heures après, toujours sac et fusil au dos. Cette fois, nous trouvons bien le convoi qui apporte les vivres, mais avant que nous soyions servis, les Prussiens avisent le train et lui envoient quatre ou cinq coups de canon. Résultat: le wagon file en nous laissant à peu près 80 à 100 livres de viande, que nous avions eu le temps de décharger. Il y avait sept compagnies pour absorber tout cela! C'était maigre. Chacun prend ce qu'il peut, et nous retournons au camp. A notre arrivée, nous voyons notre artillerie se placer à notre droite et pointer les pièces. Nous reprîmes nos rangs, prêts à partir, et j'étais bien convaincu que nous allions marcher de l'avant. Nous restâmes une demi-heure sur pied..., puis on commanda la retraite.

Après toute une journée de marche, nous campâmes le soir, à 500 mètres environ d'un petit village, où l'on nous permit, après avoir monté les tentes, d'aller chercher un peu de paille. Je partis avec le caporal de la 10e escouade. Arrivés au village, nous entrons dans une maison et nous attablons devant un fromage, que nous réduisons de moitié. Nous entamions notre deuxième bouteille de vin, quand le bruit du canon, bruit très rapproché, frappa nos oreilles. A peine sortis pour voir ce qui se passait, nous aperçûmes tous les soldats venus au village courir au camp. Nous en fîmes tout autant. A notre arrivée, tous les hommes étaient sous les armes. Après une heure d'attente, on donna l'autorisation de continuer à faire la soupe. Je n'espérais pas être tranquille toute la nuit. Il n'y eut cependant aucune alerte, et les Prussiens nous laissèrent reposer. Seulement nous partions le lendemain dès quatre heures, sans même prendre le temps de faire le café.

Nous marchâmes ainsi sept jours dans les terres labourées où l'on enfonçait jusqu'à mi-jambes. La pluie tombait sans interruption. Nous étions sans vivres, et chaque soir, pour nous souhaiter bonne nuit, une canonnade saluait notre arrière-garde. Nous ne pouvions nous coucher, la terre nous aurait couverts. La plupart d'entre nous ne dormaient pas ; ceux qui accablés de fatigue, se laissaient aller au sommeil , étaient obligés de dormir debout. Il en est qui restèrent en route, incapables de suivre, affamés et les pieds en sang.

Les Prussiens les ramassaient en route. Souvenirs pleins d'angoisses et de tristesse !

Le 17 décembre, nous arrivâmes aux abords de Vendôme, où le campement fut établi. Dès midi, nous étions en ligne de bataille. A ce moment, l'artillerie, placée derrière nous, commence le feu, et nous nous déployons en tirailleurs. A nuit close, on se battait encore. Les Prussiens n'avançaient pas, mais ils ne reculaient pas non plus. Des uhlans se risquèrent sur notre aile gauche, mais ils furent aussitôt mis en fuite par les gendarmes. Quant à nous, nous étions couchés dans un terrain qui s'enfonçait sous notre poids. Il tombait une averse diluvienne, comme je n'en ai que rarement vu. Nous n'en étions pas moins tout à fait résignés à passer la nuit pour recommencer, au point du jour, à taper sur les Prussiens. Erreur, erreur complète. On nous fait tout à coup lever sans bruit pour nous diriger sur Vendôme. Dans cette retraite... (j'allais dire un autre mot), mon lieutenant me donna un coup de poing, parce que j'allumais une cigarette. Stratégie et mystère ! A Vendôme, nous couchâmes sur la paille, dans des maisons désertes, et, à l'aube, nous repartions en traversant la ville... Une heure après, les Prussiens y entraient musique en tête !

Nous continuâmes ainsi à battre en retraite, toujours salués par les canons prussiens. Cinq jours durant, nous traversâmes encore les terres labourées, sans vivres, comme auparavant. Chevaux et hommes tombaient à chaque pas. Une compagnie de 180 hommes arriva avec un effectif de 84 ; beaucoup d'autres, sans officiers. Le froid devint plus vif pendant ces cinq jours, et fit mieux que la pluie; chaque jour, des hommes étaient trouvés gelés. Le peu de pain que nous pouvions avoir gelait également, et il fallait le passer au feu pour pouvoir le manger ; or, comme on n'avait pas le temps d'en allumer, on se passait de feu, et partant, de pain.

Le 21 décembre, nous arrivions en vue du Mans. Nous campâmes dix jours dans les sapins. La neige tombait abondamment, et le froid était toujours rigoureux.

Nous trouvions nos fusils gelés chaque matin ; pour les nettoyer, il fallait les passer au feu. Le soir, on allait aux vivres, heureux quand on trouvait quelque chose ! Mais souvent on revenait les mains vides, ou rapportant de mauvais biscuit, moisi et immangeable. Au froid vint se joindre la petite vérole ; ces fléaux nous décimaient et menaient les hommes par centaines à l'hôpital. On se décida alors à nous faire cantonner. Nous allâmes à Ruaudin, loger chez l'habitant. Nous y restâmes jusqu'au 8 janvier, faisant l'exercice deux fois par jour, sans préjudice des revues, parades et cibles. Tout cela était mêlé de longues promenades de quatre ou cinq lieues. Tous les cinq jours, en outre, nous étions de grand'garde sans tentes, sous la neige tombant à gros flocons.

Le 9, à trois heures, départ. Nous allons à Changé. Là, nous balayons la neige et montons nos tentes. La terre, gelée, était téllement dure, que nos piquets se cassaient. Nous faisons du feu, et tout autour nous nous arrangeons tant bien que mal pour passer la nuit.

V

Le 10, nos armes nettoyées et la revue du capitaine passée, nous allons à l'appel sur la route de Changé, où l'on reconnaît des officiers, A ce moment passe un chasseur à cheval. Nous lui demandons si les Prussiens sont loin : « — A trois kilomètres, nous répond-il. » Rire général. « — Vous avez la berlue, » lui crie-t-on. Nous pensions avoir raison. N'allions-nous pas cantonner dans un château situé à 1 kilomètre environ précisément dans la direction que le chasseur nous avait indiquée ? Si l'ennemi était si près, nous installerait-on commodément dans un château ?

Le raisonnement était plausible. Et cependant notre chasseur avait dit vrai... Nous n'avions pas encore quitté nos sacs que l'on sonnait la marche du régiment. Les compagnies se rassemblent au pas gymnastique sur notre campement. Dix minutes après, les balles et la mitraille tombaient sur nous dru comme la grêle. Le commandement de : pas gymnastique en avant ! retentit. Il nous faut traverser un ruisseau où nous avons de l'eau jusqu'aux genoux. Cela fait, derrière un petit tertre, nous ouvrons un feu bien nourri. Les Prussiens sont à 200 mètres, sortant d'une ferme, dans l'intention de nous prendre en flanc par un petit bois placé à notre gauche. Le colonel voyant ce mouvement nous lance sur la ferme. En avant ! nous partons une trentaine environ et traversons au pas de course un chemin découvert. De l'autre côté nous n'étions plus que neuf, ayant de l'eau jusqu'à mi-jambes. Nous commençons néanmoins le feu, mais le capitaine nous voyant trop exposés, nous ordonne de rejoindre le reste de la compagnie. Pour cela, il fallait repasser le chemin et nous accrocher aux broussailles pour y arriver. Nous nous présentions ainsi, cible vivante, aux tirailleurs prussiens. Pour ne pas nous faire viser à volonté, je dis à mes hommes de ramper jusqu'à un petit pont qui était à peine à trente pas. A ce moment, le capitaine nous fait donner l'ordre de revenir immédiatement. Nous obéissons et nous élançons sur le chemin en nous aidant des broussailles après avoir fait sauter nos fusils avant nous. Tous nous réussîmes à traverser. Pas un ne tomba. Ce fut un vrai miracle.

Le feu continua. Fatigué d'être resté deux heures à genoux, je m'étais assis sur ma gamelle, et je tirais de là en fumant une cigarette pour laisser refroidir un peu mon fusil. Ne lâchant jamais mon coup que lorsque je voyais bien mon Prussien, j'avais tiré 77 balles : nous n'avions presque plus de cartouches. Le capitaine à ce moment ouvrait la bouche pour donner un ordre. Il n'en eut pas le temps. Une balle le tua raide. Notre lieutenant était blessé. Un vieil idiot de sergent se met, je ne sais pourquoi, à crier : Sauve qui peut. « — Un coup de fusil à l'imbécile, » répond une voix ; mais il est trop tard, tous fuient déjà. Nous restions une dizaine à tirer. Force nous fut de rejoindre les autres.

Les Prussiens ne mirent pas longtemps malheureusement à voir notre situation. Ils dirigèrent immédiatement sur nous deux feux de peloton nourris qui en laissèrent bon nombre sur place. Toujours reculant, nous arrivons au village. Là, point de chefs qu'un jeune capitaine de 22 à 23 ans, qui, au lieu de nous faire retirer immédiatement vers le Mans, ce qui vraisemblablement nous aurait permis de nous échapper, nous fit former par compagnies sur la place. Nous y restâmes deux heures à attendre des ordres qui ne vinrent pas. Les Prussiens mirent ce temps à profit pour constater notre petit nombre. Quand ils surent qu'ils avaient affaire à une poignée d'hommes, ils envahirent le village par les trois issues qui y conduisaient. Tout en avançant, ils faisaient des feux de peloton, qui, dirigés vers notre groupe compact, abattaient les hommes par centaines.

Dans cette situation, avec mon sergent-major, un sergent, et le seul caporal qui avec moi restât sur 12, nous pénétrons dans une cour, espérant pouvoir gagner la route du Mans par les jardins. Nous ne trouvâmes qu'une salle de bal. Pendant cinq minutes nous cherchâmes ce que nous pouvions faire. Peine inutile, les Prussiens arrivaient, à ce moment, et nous faisaient prisonniers, en nous criant aux oreilles leur gracieuse menace : *Capout.*

J'étais une seconde fois au pouvoir de l'ennemi.

A DRESDE

Nos vainqueurs nous emmenèrent à l'église, déjà pleine de prisonniers. Nous y changeâmes de linge et passâmes la nuit avec nos pantalons et nos capotes inondés. A cinq heures du matin, nous partions sous la conduite des Prussiens : sur 4 sergents de ma compagnie, un seul restait, 2 caporaux sur 12 survivaient, le fourrier était blessé ; au total, sur 164 hommes nous restions 50 environ. Deux régiments, le 62e et le 47e de ligne s'étaient battus contre 20 bataillons! .....

Ici mes notes doivent s'arrêter. Je n'ai

plus que peu de choses à dire. Partis de Changé le 11 janvier, nous marchâmes 13 jours dans la neige et dans la boue, n'ayant guère pour nourriture que ce que les braves gens, émus, nous donnaient. Nous étions 1,200. Mais si nous n'avions pas de pain, en revanche, les coups de sabre et de crosse de fusil pleuvaient sur nous à discrétion. Les brutalités allemandes s'en donnaient à cœur-joie, pour le moindre motif, pour l'arrêt le moins justifié.

Notre itinéraire fut le suivant :

De Changé à Bouloire..........	7 lieues.
De Bouloire à Saint-Calais......	5 »
De Saint-Calais à Epuiset......	6 »
D'Epuiset à Vendôme..........	8 »
De Vendôme à Blois...........	8 »
De Blois à Beaugency..........	6 »
De Beaugency à Orléans........	6 »
D'Orléans à Toury.............	8 »
De Toury à Etampes...........	7 »
D'Etampes à la Ferté...........	5 »
De la Ferté-Alais à Corbeil......	5 »
De Corbeil à Tournant.........	8 »
De Tournant à Lagny..........	7 »
TOTAL..........	86 lieues.

A Lagny, nous prîmes le chemin de fer. Le 30 au soir, nous arrivions à Dresde. Nous avions passé six jours en chemin de fer, avec du café sans sucre le matin, et un mauvais pain noir pour deux.

Et maintenant c'est à Dresde que j'écris ces souvenirs. Nous sommes logés dans des baraques où la neige a l'accès le moins difficile. Nous sommes couchés sur un peu de paille, et l'air manœuvre de tous côtés entre nos planches disjointes. Nous avons, il est vrai, deux couvertures, mais on voit le jour à travers tant elles sont épaisses. On m'a nommé chef de baraquement. Les hommes font des corvées et un travail très pénible pour la saison.

Quant à la nourriture, elle est des moins intempérantes : un quart et demi de soupe (qui n'est souvent que de l'eau), matin et soir ; le matin un mauvais café sans sucre qui, froid, devient blanc ; un pain de quatre livres pour quatre jours, lequel est fait avec de la paille et du sable, enfin deux portions de viande pesant 25 grammes. Le tout arrosé de vingt-cinq sous tous les dix jours, juste de quoi acheter un peu de tabac gros comme les copeaux de nos menuisiers de France. — Cette existence est agrémentée de coups de sabre prodigués sans avarice.

L'évasion n'est pas possible. Il faut souffrir, souffrir en espérant... Chère France ! je ne sais quand cette maudite captivité finira. Beaucoup de mes chers camarades ne reverront pas, hélas ! leur patrie, mais mon espoir est indomptable. Je mourrai sur le sol français.

Dresde, janvier 1871.

Ici, s'arrêtent les *Notes d'un caporal*. Notre tâche sera terminée quand nous aurons ajouté quelques mots. Leur auteur revit en effet la France et les siens. Il supporta jusqu'au bout les angoisses et les souffrances de l'exil où tant des nôtres restèrent. Il revint de Dresde, après avoir perdu bien des camarades dont les os blanchissent sur le sol étranger. Il revint avec la religion du souvenir et le culte de la reconnaissance. Que de fois ses amis ne l'ont-ils pas entendu parler des cœurs généreux qui l'avaient accueilli, encouragé, sauvé ! Toujours il se rappelle, les larmes aux yeux et le cœur ému, le dévouement de ce prêtre qui aida à sa première évasion, l'héroïsme admirable, dans sa modestie, de ces femmes toujours Françaises

6

de cœur, de ces religieuses qui prouvaient, dès 1870, que le cléricalisme n'est pas l'ennemi. Saintes femmes qui puisez dans le catholicisme des trésors de dévouement patriotique et de charité, si ces lignes vous tombaient par la volonté de Dieu sous les yeux, souvenez-vous du caporal du 47e, qui ne vous oublia jamais, et donnez-lui une prière !

Nous n'avons plus qu'un mot à dire. L'auteur des *Notes d'un Caporal*, a tenu sa promesse. Il a raconté des faits : il n'a pas cherché à faire de la stratégie. Dans cette guerre douloureuse, l'armée tout entière a fait son devoir. Tous les soldats de cette période désastreuse de notre histoire furent de ces héros inconnus que la France appelle aux jours du danger. En écrivant ces lignes en captivité, l'auteur songeait aux morts, aux victimes obscures mais glorieuses. Cette histoire, pourrait-on dire, s'appelle légion. Elle est celle de tous ces braves enfants qui ont survécu ou sont tombés sur le champ de bataille, victimes oubliées et qui se confondent dans les souvenirs de l'héroïsme de nos armées. Ce sont ces obscurs qui tiennent haut le drapeau national. Ce sont ces soldats, ces ouvriers, ces cultivateurs qui mouraient pendant que les clubs déraisonnaient à outrance, qui étaient affamés, gelaient et souffraient, tandis que d'autres, au milieu du bien-être, dans « des flots de pourpre et de soie », fumaient des cigares exquis et s'excitaient à être gais et de bonne composition.

Sur les tombes de ces ignorés, sur les simples croix de ces fils du peuple vrai qui ne sont pas revenus, donnons une prière. Et honneur aux humbles soldats dont le sang a été versé pour la patrie! Honneur à l'armée française !

Caen — Imprimerie de l'*Ordre et la Liberté*

DU MÊME AUTEUR:

La Politique, ses vrais principes.
L'Avenir de la 3e République française.
Voltaire jugé par lui-même.

EN PRÉPARATION:

L'orateur politique.
Lettres d'un solitaire.
L'Orphelin du Liban.

Librairie C. DILLET, rue de Sèvres, Pa[illegible]

Mgr Maupoint. — Histoire de Mgr Da[illegible]. Histoire de Mgr Monnet.

Baron du Faouet. — La Cour de Versailles.

Eug. Loudun. — Les nouveaux Jacobins.

Loyau de Lacy. — Histoire d'une Cervelle [illegible]duite à Charenton par la lecture du *Siècle*.

Comte de Warren. — L'Italie et Rome.

E. Hello. — Saint-Antoine-le-Grand.

A. Rastoul. — L'Eglise de Paris sous la Co[illegible]mune.

F. Nettement. — Histoire populaire de [illegible] XVII. — Histoires et légendes irland[illegible]. Le Cheval blanc (légende irlandaise).

Léontine Rousseau. — Le Pirate de la Bal[illegible] ou Lars Vonved.

Capitaine Grant. — A travers l'Afrique.

3 7502 04209288 4
BIBLIOTHEQUE NATIONALE DE FRANCE

www.ingramcontent.com/pod-product-compliance
Ingram Content Group UK Ltd.
Pitfield, Milton Keynes, MK11 3LW, UK
UKHW022121190726
13855UKWH00003B/998

9 782012 974685